TOSKANA

»Diese einmalige Kunst- und Kulturlandschaft zu charakterisieren bedeutet, von allem das Beste zu nehmen und es unter dem Namen Toskana zusammenzufassen.«
NIKOLAUS GROSS UND CATERINA MESINA

TRAUMZIEL

TOSKANA

Jürgen Wassmuth

BRUCKMANN

Auf alten Pfaden: Über den
St. Gotthard-Pass in die Toskana.

Zypressenallee in der Nähe von Impruneta.

LIGURIEN
EMILIA-ROMAGNA
Bologna
Reno
Ravenna
Forlì
Cesena
Rimini
Pesaro
SAN MARINO
S. Marino
MARKEN
UMBRIEN
LATIUM
TOSKANA
Pontremoli
Villafranca
Aulla
Fivizzano
La Spezia
Riviera di Levante
Versilia
M. Pisanino 1945 m
Carrara
Massa
Alpi Apuane
Parco Regionale delle Alpi Apuane
Castelnuovo di Garfagnana
Barga
Riserva Naturale dell'Orrido di Botri
M. Giovo 1892 m
Riserva Naturale dell'Abetone
Riserva Naturale del Piano degli Ontani
S. Marcello P.
Appennino Tosco Emiliano
Riserva Naturale di Acquerino
Firenzuola
Giogo di Scarperia
Colla di Casaglia
Forte dei Marmi
Marina di Pietrasanta
Pietrasanta
Serchio
Borgo
Bagni
Prunetta
Viareggio
Massarosa
Montecatini Terme
Pistoia
Lucca
Monte Albano
Monti del Mugello
Prato
Parco Regionale Migliarino-S. Rossore-Massaciuccoli
Monsummano
Altopascio
M. Pisano
Vinci
Fucecchio
Vetta le Croci
Fiesole
M. Falterona 1654 m
Borgo S. Lorenzo
Parco Nazionale Foreste Casentinesi, Monte Falterona-Campigna
Bagno di Romagna
Pisa
Marina di Pisa
Arno
Cascina
Pontedera
Empoli
Florenz
Pontassieve
Pso. d. Consuma
Consuma
Riserva Naturale di Vallombrosa
Valsavignone
Bibbiena
Badia Tedalda
Livorno
Vicarello
Ponsacco
S. Miniato
Castelfiorentino
Impruneta
Reggello
Rassina
Riserva Naturale di Zuccaia
Riserva Naturale di Fungaia
Pso. Viamaggio
Fossombrone
Isola di Gorgona
Collesalvetti
Appennino Umbro
M. Pratomagno 1592 m
Figline
Riserva Naturale di Poggio Rosso
Casciana Terme
Sterza
Certaldo
Greve in Chianti
Monti del Chianti
S. Giovanni Valdarno
Bocca Trabaria
Quercianella
Rosignano Marittimo
Riserva Naturale Castelvecchio
Riserva Naturale di Sant'Agnese
Raddà in Chianti
Montevarchi
Val d'Arno
Levane
M. Vitalba 674 m
S. Gimignano
Poggibonsi
Castellina in Chianti
Gaiole in Chianti
Bùcine
Capànnole
Arezzo
Ligurisches Meer
Saline di Volterra
Volterra
Colle di Val d'Elsa
Riserva Naturale di Tombolo di Cécina
Cécina
Bibbona
Riserva Naturale di Bibbona
Bolgheri
Colline Metallifere
Pomarance
Castelnuovo Berardenga
Monte S. Savino
Marchigiano
Siena
Castiglion Fiorentino
Marina di Castagneto-Donorático
Riserva Naturale di Caselli
Castagneto
La Colonna
Rapolano Terme
Crete
Cortona
Castelnuovo
Monteroni d'Arbia
Riserva Naturale Alto Merse
Monte Oliveto Maggiore
Sinalunga
Capraia
Isola di Capraia
Monticiano
Riccio
Campiglia
Suvereto
Riserva Naturale La Pietra
Pte. Macereto
Buonconvento
Riserva Naturale Basso Merse
Gabellino
Riserva Naturale Lago di Montepulciano
Lago Trasimeno
Populónia
Riserva Naturale di Poggio Tre Cancelli
Massa Marittima
Montalcino
S. Quirico d'Orcia
Montepulciano
Pienza
Perugia
Tolentino
Riserva Naturale Torrente Farma
Roccastrada
Abbazia di S. Antimo
Bagno Vignoni
Chianciano Terme
Piombino
Chiusi
Follónica
Riserva Naturale di Scarlino
Riserva Naturale di Tomboli di Follónica
Castiglione d'Orcia
Riserva Naturale Lucciola Bella
Riserva Naturale Pietraporciana
Isola d'Elba
Portoferràio
Rio Marina
Maremma
Paganico
Cinigiano
Radicófani
Montepescali
Arcidosso
M. Amiata 1734 m
San Casciano dei Bagni
Foligno
Marina di Campo
Castiglione della Pescáia
Grosseto
Ombrone
Parco Faunistico del Monte Amiata
Santa Fiora
Triana
Riserva Naturale Pigelleto
Isola di Pianosa
Pianosa
Marina di Grosseto
Scansano
Satúrnia
S. Lorenzo Nuovo
Parco Regionale della Maremma
Magliano di Toscana
Sovana
Sorano
Monti Volsini
Pitigliano
Fonteblanda
Manciano
Albegna
Lago di Bolsena
Talamone
Montefiascone
N
0
20 km
P.S. Stéfano
Orbetello
Riserva Naturale Lago di Burano
Capàlbio
M. Bellino 516 m
Terni
Nera
Isola di Montecristo
Isola del Giglio
Giglio Porto
M. Argentario 635 m
Giannutri
Port' Ercole
Riserva Naturale della Duna Feniglia
Viterbo
DEUTSCHLAND
SLOWAKEI
SCHWEIZ
ÖSTERREICH
UNGARN
FRANKREICH
SLOWENIEN
KROATIEN
BOSNIEN-HERZEGOWINA
Toskana
Adriatisches Meer
Korsika
MONTENEGRO
ITALIEN
ALBANIEN
Sardinien
Tyrrhenisches Meer
Mittelmeer
Sizilien
Ionisches Meer

INHALT

In der Crete.

Die Poesie der Bilder scheint Worte überflüssig zu machen ... Die Patrouille von dunklen Zypressen, die der sanft gewellten Hügellandschaft hinter einem goldenen Meer von Sonnenblumen die Zäsur geben ..., wer kann sie ansehen, ohne betroffen von so viel Schönheit ein verloren gewähntes irdisches Paradies zu finden?

Monika von Zitzewitz

Farben und Formen: Das klassische Bild der Toskana.

Storchschnabelgewächs bei Castiglione d'Orcia.

Lebt und liebt in Jugendwonne,
bald vermodern wir im Grunde. Freue sich
wer kann der Stunde! Keiner
kennt die nächste Sonne.

Lorenzo il Magnificio de' Medici

Mohnblumen bei Pian di Scó.

Weinkeller im Kloster »Badia Coltibuono«

Fonte Gaia: Der »Freudenbrunnen« in Siena.

Menschen der Toskana:
»Diesmal hatte es Marco erwischt,
aber alle verliebten sich, reihum.
Nie in Mädchen, die sie tatsächlich
aufhalten konnten … Sie verliebten
sich in die anderen, in jene,
die nur ein schneller Blick
waren, eine flüchtige Begegnung,
die Farbe der Haare, ein Kleid.«
(Giorgio van Straten)

Piazza Matteotti in Greve.

Am Lido di Camaiore.

Im Herbst und Winter zum Beispiel gehört die Toskana zu den schönsten Plätzen der Welt. Mild, menschenleer, herzlich. Man lebt nach menschlichem Maß, wie es sich die Künstler der Renaissance vorgestellt haben.

Antonio Tabucchi

In Pomonte, auf der Insel Elba.

Götterpantheon: Himmel über der Toskana.

Zu diesem Buch

Was? Sie waren noch nie in der Toskana? Oder: Warum die Toskana sich nicht verderben lässt. Hier gibt es keinen Überfluss, es sei denn, Lebensart kann man zu viel haben. Landschaft, Architektur und Küche, ja sogar Malerei und Geschichte leben von einem Miteinander des Kargen und Ursprünglichen mit der Vielfalt und Qualität. Es geht um die Sparsamkeit der Mittel. Die neun Provinzen der Toskana, Arezzo, Florenz, Grosseto, Lucca, Massa-Carrara, Pisa, Livorno, Pistoia und Siena zeigen Landschaften, wie sie gegensätzlicher nicht sein könnten: Sumpf in der Maremma, Marmor in Carrara, Kargheit in der Crete, die sanften Hügel der Garfagna, die Vulkanflanken des Monte Amiata, die weiten Schwünge des Chianti und die Sandstrände der Versilia-Küste.

Die Bewohner scheinen wie ihre Umgebung: Hier wird einfach gelebt. Idyll ist ein Fremdwort und wird ohnehin von außen herangetragen. Karge Böden bringen Rosmarin und Lorbeer hervor, knorrig-knochige Bäume stehen über dem Ginster, Zypressen säumen Wege, und Pinien begrenzen den Horizont an der Küste. Das flirrende Blaugrün der Blätter des Olivenbaums im Sonnenlicht lässt vergessen, welch verkrampftes Holz die Früchte trägt, die von den verwitterten und verhornten Händen der Bauern geerntet werden. Ihre Gesichter sind zerfurcht wie der Ackerboden.

Nach menschlichem Mass: in Buonconvento.

Vor dem ewigen Meer: Pinien am Golf von Baratti.

Für den gebürtigen Toskaner Antonio Tabucchi ist dies das Land der Sehnsucht. Als Kind war er mit den Kunstwerken seiner Heimat so vertraut, dass er sie für einen Teil der Landschaft hielt. Erst viel später, als er schon erwachsen war, das Land in Richtung Portugal verlassen und Distanz gewonnen hatte, verstand er ihre ganze Schönheit und kehrte zurück: »voller wiedergefundener Liebe.«

Das Gesicht der Toskana

Über Jahrhunderte hielten die Toskaner auch an den kulinarischen Traditionen ihres jeweiligen Landstriches fest. Nicht nur aus Stolz wurden mit den einfachsten Zutaten überraschend raffinierte und vielfältige Gerichte gezaubert, was sicherlich auch heute einen Teil der Faszination ausmacht. So vielfältig die Kreationen der Küche, so kreativ die berühmten Namen in der Geschichte: Galileo Galilei ersann das Gesetz vom freien Fall der Körper auf dem schiefen Turm des Campo dei Miracoli, Dante Alighieri schrieb mit der »Göttlichen Komödie« im 13. Jahrhundert ein Buch von Weltgeltung, Michelangelo schuf das Deckengemälde der Sixtinischen Kapelle, Francesco Petrarca schrieb außergewöhnliche Liebeslyrik; wir denken an Pinocchio, die unvergessliche Holzpuppe des Meisters aus Collodi, an Puccini und Verdi mit ihren unvergleichlichen Opern, deren Namen noch heute jeder kennt, an Leonardo da Vinci, das Universalgenie, und – nicht zuletzt – an die Medici, machtvollste und herausragende Familie des Mittelalters.

Doch auch das gehört zur Toskana: Wohnmobile, ignorante Touristen, McDonald's in Florenz und aggressive Italiener, die mit den Tourismus-Geistern, die sie gerufen haben, nicht umgehen können. Die Landschaft verändert sich mit der Bewirtschaftung. Die alten Mischkulturen mit Olivenhainen wichen vielerorts dem Weinbau, wofür Zementstangen statt Kastanienpfähle benutzt werden. Um die Städte zieht sich ein Gürtel hässlicher Vorstadtsiedlungen, und die Sandstrände werden oft von Beton erdrückt.

Der stolze Toskaner aber würde vermutlich an dieser Stelle sagen: »Pazienza!« – Geduld! Das Land ist viel zu groß, vielschichtig, weiträumig, unzugänglich und widerspenstig, als dass es sich so einfach verderben ließe. Es gibt immer noch Gebiete, die so schön sind, dass sie als Synonym für die Schönheit der Welt gelten mögen. Arme Bewohner einer kargen Landschaft mögen in der Rückschau ein romantisches Leben geführt haben, aber heute geht es den Toskanern unzweifelhaft besser. Und solange ihr Stolz nicht gebrochen ist: Kunst ist eben Kunst – unvergänglich. Wie die Toskana.

Von oben nach unten: Sightseeing in Siena, Nachbauten im Leonardo-Museum von Vinci, Hausfassade in Populonia, Kassettendecke im Dom von Pisa, Strassenpflaster in Volterra. Linke Seite: An der Arnomündung.

In Laterina: Der verfallen(d)e Charme der Bourgeoisie.

Arezzo.

Olivenbaum bei Radda.

Aber was bleibt heute noch von diesem Traum, der sich Toskana nennt? Ich weiß es nicht und es ist schwierig zu sagen, denn es ist schwierig, die Wirklichkeit zu beurteilen.

Antonio Tabucchi

Bei Monte Amiata.

ISTITUTO SASSETTI
CORSI DI QUALIFICA
PER
OPERATORE
INFORMATICO
CONTRADA
DELLA CHIOCCIOLA
Francesca Selva
DANZA CLASSICA
DANZA JAZZ
JAZZ FUNKY
IMMOBILI
VENDITE GIUDIZIARIE
IMMOBILI
VENDITE GIUDIZIARIE
Pane in Piazza
AVIS
Via P.A. Mattioli, 8
DAI IL MEGLIO DI TE STESSO:
DIVENTA SOCIO AVIS
SONO APERTE LE ISCRIZIONI
ore 15-18.30
SEGRETERIA TELEFONICA
24 ore su 24
BANCA TOSCANA

il tuo futuro,
COMUNE DI SIENA
Istituto Musicale "R. Franci"
pareggiato ai Conservatori di Stato
con D.P.R. n. 1022 del 31.12.1985
Sono aperte le iscrizioni per l'anno scolastico 1999/2000 al
Corso Propedeutico alla Musica
www.rifondazione.it
SIENA JAZZ
CORSI DI IMPROVVISAZIONE
Ottobre 1999/Maggio 2000
DOCENTI E MATERIE
ASSOCIAZIONE CULTURALE
PICCOLO TEATRO - SIENA
Direzione Artistica: MARGHERITA SERGARDI
Sono aperte le iscrizioni ai corsi di:
DANZA CLASSICA
UNIVERSITÀ POPOLARE SENESE
CORSI TEORICO-PRATICI DI LINGUE MODERNE
(Arabo - Francese - Inglese - Spagnolo - Tedesco)
PERIODO DELLE LEZIONI:
8 NOVEMBRE 1999 - 28 APRILE 2000
Boutique Auto
LIQUIDAZIONE TOTALE
YOGA

In Siena.

Carrara liegt in einem Talkessel am Westabhang des Naturparks Alpi Apuane.

DAVID KOMMT AUS DEN ALPEN

CARRARA · PISA · LUCCA · VINCI. Die beiden Alten haben so gar nichts mit dieser Kunst zu tun. »Michelangelo architectura«? – »Ah, si«, gehört haben sie auch schon davon. Aber jetzt arbeiten sie nicht mehr da oben. Es hat ihnen Arbeit gegeben ein Leben lang, und sie gehören halt dazu. Es ist ihnen auch egal, was Künstler damit so anstellen, welcher Dom und welche Piazza daraus bestehen. Für die einen ist es ein magisches Material und für die anderen ein bloßes Gestein.

DAS WEISSE GOLD DER TOSKANA

Schon die Römer sprengten das Gestein mit Holz und Wasser, um Material für ihre Prachtbauten zu gewinnen. Zur Zeit der Renaissance wurde Schwarzpulver verwendet. Viele Tonnen des wertvollen Gesteins zerfielen in unbrauchbare Trümmer, um einen Block zu erhalten. Aus dieser Zeit des Raubbaus stammen die riesigen Schuttberge, die heute das Landschaftsbild bestimmen.

Bei Dunkelheit war ich angekommen, und nun leuchteten im Morgengrauen große weiße Felder wie Schnee in den Bergen. Die engen Täler mit ihren ausgefahrenen Wegen führen zu schlichten Schildern, auf denen die Steinbrüche der einzelnen Familien oder Firmen bezeichnet sind. Grauer Staub, Gesteinsschutt, Wasserlachen, rostige Ketten vor dem Ausblick auf eine grauweiße Bühne mit vielen Ebenen.

> Das ganze Land ist dort so gartenhaft und geschmückt wie bei uns die ländlichen Szenen, die auf dem Theater dargestellt werden … Nirgends Philistergesichter. Und gibt es hier auch Philister, so sind es doch italienische Orangenphilister und keine plump deutschen Kartoffelphilister.
>
> HEINRICH HEINE

Auf jeder Stufe des riesigen Bruchs agiert ein rostiger Roboter und deklamiert seinen Lärm. Diamantbesetzte Stahlseile ziehen durch den schimmernden Fels, umgeben von Wäldern und Bergdörfern, als gäbe es nichts natürlicheres als den Maschinenlärm in den Bergen: Steinbrüche mit kristallinem Calciumcarbonat in den apuanischen Alpen als Ursprung des Weltruhms, der sich in Statuen, in der Fassade des Domes von Florenz, im World Trade Center in New York oder im Flughafen von Djidda bei Mekka manifestiert hat.

Bei der Fahrt in dieses Tal bleibt meine Ehrfurcht vor dem wie Porzellan schimmernden Material nicht bestehen: Was bringt Menschen nur dazu, aus diesem göttlichen Weiß einen solchen Kitsch zu meißeln? Das Material ist unschuldig, ich weiß. Jetzt sehne ich mich nach einem Blick auf Michelangelos David.

PISA: SCHIEFES WELTBILD

Selbst wer Miracoli nur aus der deutschen Nudelwerbung kennt, dürfte den Weg zum berühmten architektonischen Dreiklang auf der Piazza dei Miracoli (Platz der Wunder) leicht finden. Ganz im Gegensatz zu sonstigen Gepflogenheiten ist die Beschilderung an jeder mehr oder minder wichtigen Straße zu finden: Da stehe ich also wieder vor dem Marmor, dessen Gewicht wohl dazu beitrug, den Campanile zu dieser Attraktion werden zu lassen. Circa fünf Meter neigt er sich. So schön schief hätte man ihn kaum bauen können! Aber nicht nur der Turm war schief im 16. Jahrhundert, auch

Piazza dei Miracoli in Pisa.

Nächtliches Lucca: Die Lichter der Stadt.

das Weltbild. Als Galileo, wohl angeregt durch seine Erforschung der Fall-Gesetze vom schiefen Turm das geozentrische Weltbild des Aristoteles in Frage stellte, musste er sich der Inquisition beugen und wurde von der Kirche verbannt. Erst im Jahr 1993 wurde er rehabilitiert.

Vom wundervollen Platz mit Dom, Baptisterium und Camposanto bis zur Altstadt sind es nur wenige Schritte. Ein Bummel in den verwunschenen Botanischen Garten, zur Piazza dei Cavalieri, dem Studententreff, zum malerischen Markt oder zur arkadengesäumten Borgo Stretto geben einen Eindruck von der einstigen Größe und Macht. Hierhin verirren sich kaum Touristen, und man genießt den alltäglichen Rummel.

Nun führt mein Weg am Arno entlang. Die Abendsonne lässt den Fluss schimmern wie Gold: Er sicherte der einstigen Seerepublik den Zugang zum Mittelmeer, deren Flotte im 15. Jahrhundert ihre Vormacht sicherte. Zurück zum »Platz der Wunder«. Wenn die letzten Touristenbusse verschwunden sind und das warme gelbe Scheinwerferlicht spielerisch hin und her wandelnde Silhouetten zeichnet, fällt es

SCHAUINSLAND: PORTA S. DONATO IN LUCCA.

schwer, sich von diesem Anblick zu lösen. Noch lange nach dem Verlassen der Stadt grüßt der Turm am Horizont.

LUCCA: »BUONA SERA. VINO?«

Die Trattoria gab es auf keinem Stadtplan. Sie brauchte auch keine Werbung, denn nicht Touristen waren hier das Publikum. Ein Gericht pro Tag, Vino tavolo, keine Speisekarte. Mehr eine Kantine als ein Restaurant. Aber was für eine Atmosphäre: ein ohrenbetäubendes Stimmengewirr, Stühlerücken, Gelächter. Die Kellner mit ihren ehemals weißen Schürzen verständigen sich über die Köpfe der Gäste hinweg: »Welcher Tisch, rot oder weiß, Wasser?«. Das eine oder andere fällt schon mal hinunter: »Ah, scusi, signore«, und schon ist er wieder weg. Das Essen ist vorzüglich. Ich genieße das angenehme Abtauchen im Alltäglichen. Lucca als Tor zur Toskana: Erste Eindrücke von der Lebensart und dem Stolz der Toskaner.

Ein mächtiger Wall, zwölf Meter hoch, dreißig Meter breit, schützt auch heute noch das Centro Storico. Innerhalb der Mauern ist das mittelalterliche Stadtbild fast vollständig erhalten. Autofahren ist nur den Einheimischen gestattet. Alles andere würde auch an Wahnsinn grenzen, bei dem Fahrstil, den kleinen Autos, den engen Gassen. Vom Wahrzeichen der Stadt, dem Palast-Turm der Familie Guinigi, auf dem tatsächlich sieben Steineichen wachsen, hat man den Eindruck, da unten würden irgendwelche Maschinen durch ein mittelalterliches Labyrinth flitzen.

Der damalige Wohlstand der »unabhängigen Krämerseele« ist selbst heute noch zu erkennen. Die Paläste der Handelsfamilien, schöne Bürgerhäuser und 99 (!) Kirchen auf engstem Raum. »Klein-Vatikan«

nannte man Lucca in früheren Zeiten einmal. Selbst das römische Reich hat hier seine Spuren in Form eines Amphitheaters hinterlassen. Auf der Piazza Mercato, die vollständig von Wohnhäusern umschlossen ist, deren Durchgänge früher Arenatore waren, entsteht durch die vielen Geräusche ein eigenartiges Raunen, dessen Schall sich nicht ausbreiten kann.

Puccini und Verdi stehen für das kulturelle Erbe der Stadt, und man kann sich leicht vorstellen, wie sie an der Via Fillungo flanierten, um dann in dem berühmten Café Di Simo ihren Capuccino zu trinken. Dem Wirt, Alfredo Caselli, soll Puccini sogar einige seiner Werke gewidmet haben. Flanieren und Konsumieren: So lautet auch in Lucca das Motto vor allem der Fremden.

VINCI: LEONARDO & CO.

Leonardos Geschichte gefällt mir: Sohn des Bauernmädchens Caterina, einer armen Bediensteten, die erst geschwängert und dann verstoßen wurde. Plötzlich ist er der Liebling seines Vaters, des Schlossherrn. Er genießt Privilegien, bekommt eine gute Ausbildung – schon im Alter von zwanzig Jahren wird er in die legendäre Malergilde von Florenz aufgenommen – und hat das Glück, Fantasie, Ideenreichtum und Kreativität ausleben zu können. Ein Glück in der Geschichte, das immer noch trägt.

Leonardos Geburtsort ist die rund elf Kilometer nördlich von Empoli am Südhang des Monte Albaon gelegene Gemeinde Vinci. In einer langgestreckten mittelalterlichen Burg, die zwischen dem 10. und 13. Jahrhundert von den Grafen Guidi beherrscht und später mehrfach umgebaut wurde, zeigt das Museo Leonardino maßstabsgetreue Modelle einer Flugmaschine, eines Fahrrads und einer wasserskiähnlichen Konstruktion, die nach technischen Zeichnungen des genialen Forschers, Künstlers und Visionärs gebaut wurden.

STRASSENSZENE IN LUCCA.

Picasso fällt mir bei dieser Gelegenheit ein, der aus einem Fahrradsattel und einer Lenkstange einen Stier zaubert. Leonardo war pragmatischer. Er war auch als Festungsbaumeister tätig, sezierte Leichen und schrieb einen Aufsatz über die Anatomie des menschlichen Körpers, den er mit seinen Zeichnungen illustrierte, beobachtete den Vogelflug, untersuchte die Strömungsgesetze von Luft und Wasser und machte Flugexperimente sowie verschiedene botanische und geologische Untersuchungen. Fast in allem war er seiner Zeit voraus.

Auch wenn die meisten von Leonardos Entwürfen nie realisiert wurden, steckten in ihnen doch die Grundideen für Pumpen, Hebekräne, Tauchanzüge und Flugzeuge. Was der Maler der so rätselhaft lächelnden, heute im Pariser Louvre ausgestellten Mona Lisa damals noch nicht wissen konnte: Heute schmücken sein Bild und sein Name auch Wein- und Olivenölflaschen der Region. Allerdings würde ihn das vermutlich nicht wirklich stören – denn sie sind von hervorragender Qualität.

Das Castello in Vinci.

Der Bildhauer Mario Del Sarto in Carrara.

Ein Bildhauer muss nicht den Hammer in der Hand halten, um eine bedeutende Plastik zu schaffen. Er hat sie visionär vor Augen, während er das Modell entwirft.

Sergio Benedetti

Abbau von Marmor in Carrara.

Marina di Pisa.

La Torre Pendente: Der Grundstein des knapp 57 Meter hohen und freistehenden Glockenturms am Domplatz von Pisa wurde im Jahr 1173 gelegt. Damals war Pisa zur bedeutendsten Seemacht Italiens aufgestiegen.

aber sie: pisa luna / ohne schatten /
bald milchbeinweiß / bald kopfsteinschwarz //
was aber blendet dann so? //
diese trauerrandfassadenweiche
büffelbutteranemonenplatte
im nomadenbaukastenverband asyl?

Oskar Pastia

Über den Dächern von Lucca.

Piazza del Mercato in Lucca.

Alltagsleben in Lucca.

Malerisches Florenz: Universitätsstadt und Erzbischofssitz.

DAS NEST IM GARTEN

FLORENZ. Er kennt ein Hotel. Ganz preiswert. Privat. – Ein wenig skeptisch war ich schon. Aber mir gefiel die offene Art des jungen Mannes, dem ich begegnet war, und die sich mit seinem Geschäftssinn auf so angenehme Weise zu verbinden schien. Nach einem langen Gespräch und dem Genuss zweier Espressi machte ich mich, mit Adresse und Telefonnummer ausgestattet, auf meinen Weg, und wenig später fand ich mich in der Wohnzimmer-Rezeption besagter Familie.

Nach einer labyrinthischen Führung durch das dunkle Haus stand ich in einem Zimmer, das der Renaissance entsprungen zu sein schien: Brokatstoffe als Vorhänge, ein riesiges Schlafmöbel von unglaublichem Federbettvolumen beherrschte den Raum. Es war zwar ein wenig ungepflegt, die Dusche ließ zu wünschen übrig, und das Fenster war nicht zu öffnen. Dafür zeigte die Aussicht in einen schönen, nachlässig aber liebevoll gepflegten Garten: Ein wundervolles Nest für Ausflüge in die Stadt.

»Steingewordener Geniestreich einer Epoche«, »Wiege der Renaissance«: Tatsache ist, dass diese urbane Ansiedlung im Mittelalter die unumschränkte Hauptstadt der Region war. Die Medici – wer sonst? – führten Kultur, Politik und Handel zu derartigen Höhenflügen, dass die anderen Städte der Toskana sich kaum dagegen wehren konnten. Florenz wurde zu einem Ort beispielloser künstlerischer Aktivitäten: Der Dom mit seiner Kuppel von Brunelleschi, Ponte Vecchio, die Statuen des David und die Stadtpaläste der reichen Familien – allein die Aufzählung dieser Kunst gebietet schon einige Ehrfurcht.

> *Dass alle Italiener intelligent sind, dass aber die Toskaner bei weitem intelligenter sind als alle anderen Italiener, ist etwas, was alle wissen, was aber nur wenige zugeben wollen.*
>
> CURZIO MALAPARTE

IM RHYTHMUS DER ZEIT

Am besten nähert man sich Florenz in kleinen Schritten, nimmt sich Zeit für die Aussicht von der Piazzale Michelangelo, einen Besuch in den Uffizien, einen abendlichen Bummel am Arno über den Ponte Vecchio und am nächsten Morgen für die Besteigung der Domkuppel.

Mitten in der Stadt, in einem an eine Lagerhalle erinnernden Gebäude, befindet sich einer dieser Orte, die einen ganz anderen, ursprünglichen Genuss bieten: Im Mercato centrale, wo sich überwiegend Einheimische bewegen und ihren Geschäften nachgehen, pulsiert das Leben in einem ganz anderen Takt als an den hauptsächlich von Touristen bevölkerten Plätzen. Hier vergisst man auch das kunst- und kulturbeflissene Schauen, spürt man den heiteren Lebensstil und wird neugierig auf die Art und Weise, wie in anderen Ländern gelebt, gelacht, gesprochen und gehandelt wird.

Zwei Etagen italienisches Leben: Im Stehen neben Arbeitern und anderen »Neugierigen« auf wenig Raum zusammengedrängt, gibt es bei »Nerbone« einen sehr typischen florentinischen Imbiss – jeden Tag etwas anderes.

Und nach dem Genuss des leichten Landweins gewinnt man auch der Kunst manchmal ganz neue Aspekte ab.

Blick vom florentiner Campanile auf das Battistero San Giovanni. *Linke Seite:* Nachbildung von Michelangelos David.

Steinmetzarbeit an Filippo Brunelleschis grandioser Domkuppel.

Florentiner Bilderbogen: »Der Tourismus wird hier gehandhabt wie organischer Dünger: Man beschwert sich darüber, dass er stinkt, aber man geniesst die strammen Erträge, zu denen er verhilft.«
Susanne Friedmann

Casini
di P. VENTURI
40

SNACK

RICA DI CORNICI

Himmelsstürmer: 82 Meter hoch ist der Campanile von Florenz.

Florenz erfreute uns eine Zeitlang. Ich glaube, wir bewunderten die große Figur des David auf dem großartigen Platz und die Gruppe, die man den »Raub der Sabinerinnen« nennt. Wir wanderten natürlich durch die endlosen Sammlungen von Gemälden und Statuen in der Galerie Pitti und in den Uffizien. Ich mache diese Angabe zur Selbstverteidigung; damit lasst es genug sein.

Mark Twain

Zu beiden Seiten des Arno: Stadt, Land, Fluss.

Die Geschlechtertürme von San Gimignano.

WOLKENKRATZER IM MITTELALTER

SAN GIMIGNANO · SIENA · VOLTERRA · CHIANTI. Da sitzt man nun im Tal unterhalb einer weltberühmten Kleinstadt. Regen prasselt ohne Pause, und an einen Blick auf die Skyline ist gar nicht zu denken. Gott sei Dank haben wir am Tag zuvor einige Kisten Chianti erstanden. Ein guter Wein schmeckt eben auch bei Nebel und Regen. »Lassen Sie ihn nicht zu lange liegen!« meinte Signore Alcidi noch, als wir vom Hof fuhren. Also half uns ein roter Tropfen durch die Nacht. Was aber nicht dazu führte, den Morgen in rosarot zu sehen. Dafür sorgte dann erst die Sonne.

TOSKANISCHES MANHATTAN

Sfumato. Aus dem Dunst schälte sich, und das tatsächlich in den unwirklichsten Rottönen, die ich je erlebt habe, die grandiose Silhouette von San Gimignano. Wer glaubt, der »Skyscraper« sei in Amerika erfunden worden, irrt gewaltig: Schon fünf Jahrhunderte vor der Gründung von New York führten ökonomische und politische Interessen zur Entstehung der Wohntürme von San Gimignano. Aus der Gemeindeordnung des Jahres 1255: Kein Baugrund darf größer sein als 17 mal 24 Ellen – etwa 13 mal 18 Meter. Und da bauen sie mal was Repräsentatives drauf! Denn die reichen Patrizierfamilien wetteiferten hoch hinaus, und bis ins 14. Jahrhundert entstanden 72 Türme mit einer Höhe bis zu 54 Metern.

> *Um jemandes Freund zu werden, reicht ein Glas Wein. Um ihn sich zu erhalten, ist ein Fass recht wenig. Um den richtigen zu wählen, muss man sieben Jahre lang Salz gegessen haben.*
>
> TOSKANISCHES SPRICHWORT

Dann war der Reichtum vorbei, und die Stadt unterwarf sich dem blühenden Florenz. Ein Glück für uns: Einige hundert Jahre schlief die Stadt ihren konservierenden Schönheitsschlaf, wachgeküsst nur von vielen Prinzen auf touristischen Lustreisen.

Heute sind noch 15 Türme erhalten.

PIAZZA DEL CAMPO

In der Sonne sitzen! Menschen beobachten. Zeit haben. Espresso auf der Zunge. Und dann diese süße Sünde, »Panforte« genannt, eine Delikatesse aus Honig, mit Früchten und Gewürzen (so etwas wie der »Christstollen von Siena«, aber dann müsste ja das ganze Jahr Weihnachten sein!).

Diese Stadtlandschaft, vor allem dieser Platz: Wer legt nur einen Platz mit derart starkem Gefälle an, dass ältere Herrschaften Mühe haben, ihn zu überqueren? – Damit der Regen gut ablaufen kann, sagte mir ein Architekt. Waren es also rein praktische Gründe? Doch das Ensemble des Palazzo Publico und des Platzes selbst inmitten der Stadt haben etwas überirdisch Gelungenes – einerlei, von welcher Seite man sie betrachtet. Durch die Gassen der Stadt, vom Cafétisch oder von der Aussicht des Palastturmes: Immer sieht man staunenswerte Harmonie, und wie selbstverständlich denkt man an die wild reitenden Gesellen, die hier über den Platz jagen: Jedes Jahr kämpfen die Reiter des »Palio« – ein Pferderennen auf der Piazza del Campo – um die bemalte Palio-Standarte. Die seit dem 12. Jahrhundert ausgetragene Rivalität der »contrada«, der Stadtteile, ist bis heute lebendig geblieben und nicht nur ein historisches Spektakel für die Touristen.

Piazza Grande in Siena.

Espresso finito, und der Schatten des Turms kitzelt erwartungsvoll an meinen Füßen. Endlose Stufen, verwinkelte Stuben, Blicke in Hinterhöfe, zum Trocknen aufgehängte Wäsche. Dachziegel, so robust und zerbrechlich von der Witterung. Eine Ahnung von jahrhundertealter gelebter Geschichte. Die Krönung ist der Blick auf die Kathedrale »Duomo Santa Maria« mit ihrem Zebraturm. Im 14. Jahrhundert erbaut, steht er für den einstigen Reichtum und Ehrgeiz der Sieneser. Ab dem 15. Jahrhundert beschnitt der Einfluss der Medici aus Florenz ihre Macht. Sie mussten sich unterwerfen, und als stolze, eigensinnige Bürger kapselten sie sich derart ab, dass kaum noch Veränderungen stattfanden.

Wie schön wäre es jetzt, hier oben in seine Kammer gehen zu können und dem Trubel da unten für ein Weilchen zu entrinnen. – Keine Träumereien: Schrill gestaltete Plakate führen zu den Geldwechselstuben. Ein junger Mann erzählt von seinem Ferienjob. Er komme aus Florenz, sei nur hier, um seinem Bruder zu helfen, könne mir ein preiswertes Familienhotel dort empfehlen (»naturellemente familia mio«). Gerne gibt er mir den Namen, die Adresse, die Telefonnummer. Na, mal sehen.

Ombre della serra

Hellgraue Wolken stürmen über die zerklüftete Landschaft. Hinter mir der abgeschliffene, 500 Meter hohe Bergkegel und vor mir Le Balze. »Velathri« bröckelt. Die alten Etruskerbauten sind schon fast verschwunden. Und als wollte die Natur besonders eindrucksvoll dokumentieren, zu welchen Kräften sie sich immer wieder einmal aufschwingen kann, bricht aus den Wolken ein strahlendes Licht, das auch einer Bibel-Verfilmung zur Ehre gereicht hätte: Minutenlang sehe ich diese Lichtfinger über die Landschaft wandern, bis sie langsam dünner werden und die abschirmende Wolkendecke nur noch ein düsteres Zwielicht zulässt. »Schatten am Abend«, geht mir bei dieser grandiosen Stimmung durch den Kopf.

»Rossi Alabastri«: in Volterra.

Am Nachmittag hatte ich eine ganz andere Bedeutung dieser Worte erfahren: »Ombra della Sera« heißt die kleine Bronzestatue, die ein Bauer auf dem Feld fand. Später (nachdem sie erst als Feuerhaken dienten) erkannte man den wahren Ursprung. Von etruskischen Vorfahren im 2. Jahrhundert geschaffen, ist sie heute ein Wahrzeichen und das Symbol der Stadt Volterra. Die etwas asketisch-zerrissene Figur, die an Arbeiten von Giacometti erinnert, hat in etwa die Umrisse eines menschlichen Schattens in der Abendsonne. Und niemand soll dieser Figur entgehen: Aus Bronze und Alabaster, Marmor und sogar Holz, in kitschigem Rosa oder aus Glas wird sie angeboten. In den rund hundert Werkstätten der Manifatturi Alabastri türmt sich der weiße Staub knöchelhoch. Es wird gedrechselt, gemeißelt und geschnitzt, ohne sich stören zu lassen.

Erschöpft vom Rundgang durch die Stadt, verirre ich mich auf der Suche nach etwas Essbarem in eine kleine Gasse. Hier gibt es eine dieser Cantinas, die vorwiegend von Einheimischen besucht werden. Man empfängt mich mit sprödem Charme und offeriert eine Delikatesse: einfachen Landschinken in dicken Scheiben, köstliches Brot dazu und ein Vino di Tavola, der mich vergessen lässt, was ich noch alles besichtigen wollte. Beschwingt verlasse ich die warme Atmosphäre mit einem klingenden »Buona Sera« des schmunzelnden Barmanns in den Ohren. Schöner, denke ich, kann man den Abend nicht beschließen – nicht ahnend, welches Naturschauspiel auf mich wartet.

WEINERNTE IM CHIANTI.

DER SCHWARZE HAHN UND SEINE BRÜDER

Schotter. Abenteuerliche Wege, die diese Bezeichnung nicht verdient haben. Schmale Linien, die durch kilometerweite Weinberge mäandern und nirgendwo anzukommen scheinen. Mehr zufällig als zielsicher folgen wir kleinen Schildern: handgemalte Holzbretter, manchmal verblichen oder vom Wind ins Gestrüpp verbannt. Sie sind keine echte Hilfe, stellen wir bald fest. Ratlosigkeit. Verwirrt entscheiden wir uns dazu, einfach die nächsten Gebäude anzusteuern. Eine kleine Allee mit Olivenbäumen. Rufen. Klopfen. »Si? Alora, kommen Sie.« Wir werden in die Probierstube geführt. Sprachliche Barrieren lösen sich auf im köstlichen Nass. Wein löst die Zunge.

Diese bauchigen, mit Schilf umwobenen Flaschen, die früher als typisch für den Chianti galten, »Fiasco« genannt, gibt es nicht mehr. Ob das an der deutschen Bedeutung des Wortes Fiasko liegt? Aber auch die italienische Bedeutung von »Fiasco« – »Wein mischen« – könnte missverstanden werden. Doch wo denken wir hin: »Den« Chianti gibt es gar nicht. Jedenfalls nicht als Rebsorte: Verschiedene Sorten werden gemischt, die den ganz typischen Geschmack hervorbringen.

Es war der Baron Bettino Ricasoli, der das Mischungsverhältnis des Chianti Classico in der Mitte des 19. Jahrhunderts festlegte, um die Qualität zu steigern, nachdem die Medici zuvor zwei Jahrhunderte lang das Anbaugebiet begrenzten. Einen Einfluss auf die Qualität hat neben der Sonne auch der Boden. Er darf nicht zu fruchtbar sein, sonst treiben die Reben zu sehr aus. Und um die »Kraft« in den Trauben zu bündeln, werden bis zu zwei Drittel der Früchte abgeschnitten.

Neben dem Classico, dessen Gebiet durch das Symbol des »Schwarzen Hahns« gekennzeichnet wird, gibt es eine Reihe von Anbaugebieten, die ähnliche Rebsorten und Mischungen produzieren, aber eben nicht vor den Monti del Chianti liegen. Wir haben jedenfalls den richtigen Hahn für uns gefunden und lassen uns gern überreden, auch den köstlichen »Olivio originale« mit nach Hause zu nehmen.

San Gimignano (untere Reihe, Mitte: In der Werkstatt von Franco Balducci): »Vielleicht ist sie überhaupt nur ein Ausstellungsstück, diese Stadt, eingeschlossen in eine grosse Vitrine bis hoch zum Himmel, und Ausserirdische haben ihren Spass daran, wie die Busse von überall … vorfahren und ihre Touristenfracht entleeren, hinein in die Via San Giovanni, durch die es dann, vorbei an den Souvenir-, Postkarten-, Wein- und Prosciuttoläden, hinaufgeht zur Piazza della Cisterna, mit ihren vollbesetzten Cafétischen.« (Hermann Peter Piwitt)

Piazza del Campo in Siena.

Wer ist der Schönste im ganzen Land? Der Dom von Siena.

Die Toskaner sind ein Volk, das sich langweilt, und deshalb haben sie sich in die Kunst und in die Phantasie geflüchtet: um die Langeweile zu bekämpfen, um sie zu besiegen, um sie mit Erfindungsgabe zu heilen.

Antonio Tabucchi

Taufkirche San Giovanni in Siena.

S IOHA NNES·VLA
S·MAT

Landschaft im Licht: bei Volterra.

Auf der Suche nach der verlorengegangenen Zeit: Radda

San Galgano sui Monte Siepi: Ursprünglicher Kern des Zisterzienserklosters ist eine kleine romanische Rotunde über dem Grab des …

… heiligen Galgano. In der Fussbodenmitte steckt sein Schwert, die aufsteigenden Steinringe der Kuppel verkörpern die Unendlichkeit.

Karges Land: Crete bei St. Quirico.

DIE SONNE KOMMT!

CRETE · PIENZA · ST. QUIRICO. Der Wagen parkte mitten auf dem Acker: die Scheiben beschlagen, das Fenster für etwas Frischluft einen Spalt weit geöffnet. Ein Tropfen rutschte am Glas ab. Die Ränder seiner Spur glutrot. – Glutrot? Halt! Am Vorabend war es beinahe zu dunkel gewesen, den rechten Weg zu finden, bis wir einfach stehen geblieben sind. Jetzt kriecht der Sonnenball langsam über den Horizont. Das wollte ich auf keinen Fall verpassen! Verschlafen versuche ich Kamera, Stativ, Film und Motiv in Einklang zu bringen. Fluchend verschwindet mein Schuh in einer dieser trockenen Spalten der verkrusteten Erde. Lange Schatten, dieses unvergleichliche Morgenlicht und endlich ein Kaffee vom Gaskocher. Dann kann ich den Sonnenaufgang nur noch genießen, und alles andere wird unwichtig.

SYNONYM FÜR DIE TOSKANA

Die Farben verändern sich ständig. Ein Meer aus trockenem Braun. Die Schatten bewegen die Kämme. Das Dunkel der Wellentäler verliert sich. Schiffen gleich erscheinen am Horizont Häuser und Zypressen. Es scheint fast unmöglich zu sein, dass auf diesem Boden Kräuter und Sträucher wachsen: Wermut, wilder Radicchio, wildes Bohnen- oder Pfefferkraut, Wacholder oder Wasserminze. Und die geben dem »Pecorino«, dem Schafskäse, Würze und seinen ganz eigenen Geschmack.

Die Crete mag als Synonym für die Toskana gelten: aus dem Vorhandenen das Beste machen. Die Kargheit hat auch etwas Schönes. Ein Blick über sanfte Hügel soweit das Auge reicht – und nichts als braune Erde mit winzigen grünen Flecken.

> Nirgendwo in Italien, vielleicht nirgends in der Welt … sind Architektur und Landschaft zu einer so harmonischen Einheit verschmolzen.
>
> MONIKA VON ZITZEWITZ

DA WILL ICH HIN!

Da war es! Gerade habe ich es noch gesehen. Bremsen. Zurückfahren. Da: Unglaublich. In der Abendsonne wäre das ein wahnsinniges Foto. Wir müssen uns die Stelle merken und später wiederkommen, so bleibt um die Mittagszeit ein wenig Zeit für Muße. Kirchen, Paläste, Museen oder – ein schönes Essen. »Crostini« als Gaumenkitzler, dünne Brotscheiben mit schwarzbrauner Leber-Milz-Paste und frischer Tomatensoße, bestreut mit etwas Basilikum: Wir sitzen auf der Piazza Pius II. in Pienza und wollen uns nicht anmaßen, etwas von der italienischen Küche zu verstehen. Deshalb lassen wir den Ober die Menuwahl entscheiden: »Pappardelle sull' anatra« – breite Nudeln mit Entenfleischmarinade, Möhren, Sellerie und Rosmarin, Thymian, Salbei – und dazu ein leichter Rotwein.

Wir geben uns dem Sonnenspiel auf der Piazza hin. Um diese Zeit ist Siesta. »Secondi piatti«: »Scottiglia«, ein kleiner Fleischtopf mit Lamm, Schwein, Rind, Kaninchen, Peperoncino, Basilikum und – »Frag nicht soviel, das Essen wird kalt.« Die Schatten sind schon länger geworden, der Platz sieht jetzt ganz anders aus. »Flan di caffé« mit Espresso: Schöner kann ein Essen gar nicht enden.

Tapsig erkunden wir anschließend die Stadt, die aussieht wie eine Miniaturausgabe von Rom. Papst Pius II., der hier geboren wurde, wollte hier um die Mitte des 15. Jahrhunderts den Renaissance-Traum der »idealen Stadt« verwirklichen. So ist Pienza eine merkwürdige Mischung aus weitsichtiger Stadtarchitektur und verschachteltem Bergdorf geworden.

Der Blick von der Stadtmauer in die Ebene ermahnt uns schon wieder nach Quirico zurückzufahren. Das »Wahnsinnsfoto« lockt. Aber wo war das noch gleich? Hier auf die Schnellstraße, die Brücke. Da. Da unten. Wie kommt man dorthin? Wir fahren doch keinen Trecker. Ausgetrocknete, steinharte Schollen auf den Äckern. Einsame Feldwege ins Nirgendwo. »Das Licht, Mensch, mach doch! Hinter dem Hügel, ich sehe es schon.«

Schnell raus, Stativ, Kameratasche mitgenommen und losgehastet. Von hier? Oder doch lieber einen etwas höheren Standpunkt wählen? Oder doch besser mit dem anderen Objektiv fotografieren? Die Sonne sinkt, gelbes Licht, rotgelb, golden. Unser Herz klopft wie verrückt. Wir machen ein Foto nach dem anderen. Bis es nicht mehr geht. Das letzte mit dem Mond über dem Acker. Wow, was für ein Finale!

Bizarre Mondlandschaft: die Crete

Oben und rechte Seite: In Pienza.

Und wer wird bestreiten, dass wir Toskaner mit den Augen des Geistes bis auf den Grund der Dinge zu dringen und uns drinnen umzusehen vermögen?

Curzio Malaparte

PROTEGE VIRGO CIVITATEM TUAM

STOP

In der Nähe von Leonina.

Pitigliano: von drei tiefen Schluchten umgebene mittelalterliche Festung.

BELEUCHTETER OLDTIMER

Pitigliano · Monte Amiato · San Stefano. Ich war zu früh angekommen, hatte die Strecke falsch eingeschätzt. War das, konnte das die Stadt sein, über die ich so viel gehört hatte? Vor mir lag ein tiefes Tal, ein brauner Einschnitt im Teppich aus Grün, der erst am Horizont seine Blätter verlor und in hochgelegene Wiesen aus blassgrünem Ocker überging. Das Auge musste sich erst an diesen Anblick gewöhnen. Die Mitte des Bildes wurde von einer Ansammlung braunroter Dächer und Steine gekrönt, die auf die Felsen geklebt zu sein schienen: ein fast schon brutaler Farbwechsel. Über dem Abgrund schwebten atemberaubende Mauervorsprünge und Erker. Einzig ein schmales Band von Straße schlängelte sich durch die Felsen und erlaubte den Zugang zum Felsenschloss.

Romantisches Bühnenbild

Die Familie Orsini hatte dem mittelalterlichen Städtchen einige Renaissancebauten nebst Palast verpasst, was der Silhouette noch heute etwas Entrücktes verleiht. Diese Szenerie ist so zeitlos alt, dass sie jeden Kontrast abzumildern scheint: Eselskarren in den Gassen und supermoderne, natürlich knallrote Ferarri, Rucksacktouristen und gepiercte Punkrocker, Plastik und Leder. Fast erwarte ich, Spielzeugfiguren auf den Zinnen zu sehen. Doch die Farbflecken bewegen sich. Viele Farbflecken: Die Serpentinen hinauf windet sich eine langsame Karawane, blitzend und hupend: eine Oldtimer-Rallye. Pitigliano ist genau das richtige Ambiente, um sein sündhaft-teures Hobby der Öffentlichkeit zu präsentieren. Die Fahrer und ihre Begleiterinnen genießen die Aufmerksamkeit, kurven mit strahlendem Lächeln und entschlossener Geste auf den Schlossplatz. So nett diese lederbehelmten, verwegenen Gesichter zu ihren Wagen passen – die Karosserie der Autos scheint manchmal besser in Schuss als die der Fahrer. Ein solches Cabrio, Sonne und dann durch die Toskana – was für ein Vergnügen muss das sein!

Ich fahre auf die andere Seite des Tals, warte in der Dämmerung. Das Blau des Himmels wird tiefer und intensiver. Die Silhouetten verstärken sich. Scharf hebt die Farbe den Palastturm hervor. Als wollte sich der Horizont an Bändern festhalten, um nicht ganz zu verschwinden, erscheinen auf den Schleiern der fahlen, spärlichen Wolken Streifen von Purpurrot bis Magenta. Es sieht aus, als habe ein Bühnenbildner dem Hintergrundpanorama etwas zu viel romantischen Kitsch beigefügt. Aber jetzt wird der Blick abgelenkt von einem Glimmen, das wie fast erloschene Glut aus der Tiefe auftaucht. Die Glut wird stärker, lässt Felsen erkennen. In goldfarbenem Licht erscheinen Steine, Häuser und Dächer. Die Umrisse des Horizonts verschwinden und machen dem Vordergrund Platz. Farbtupfer der beleuchteten Fenster, Straßenlaternen und ein

> Mit Brunelleschi, Michelangelo und Leonardo da Vinci erreichten Architektur und Malerei zeitlose Größe. Dabei zitieren wir hier nur die Bekanntesten, während in der Toskana, mehr als in jeder anderen italienischen Region, jede Stadt, jedes Dorf seit dem 13. Jahrhundert eine Wiege von Künstlern … war …
>
> Franca Magnani

leichtes Flimmern der sich bewegenden Menschen in diesem Tableau geben dem Bild Tiefe. Aus den dunklen Gassen zwischen den Mauern schieben sich Scheinwerfer nach vorn. Zwei, vier – nein: dutzende. Effektvoll die Innenbeleuchtung angeknipst, erscheinen die Oldtimer-Statisten auf der Bühne, sonnen sich kurz im Scheinwerferlicht und verschwinden dann über die Serpentinen wie Leuchtkäfer in der Nacht.

Gecko zum Frühstück

»Gibt es eigentlich Abflussrohre in orange mit schwarzen Zacken? Und – bewegen sich Abflussrohre?« denke ich beim Rückzug von der Terrasse in die Sicherheit des Zimmers. Der Süden der Toskana hat viel Sonne, Olivenhaine und trockene Bruchsteinmauern. Kriechtiere haben es gern warm. Aber ausgerechnet neben uns auf der Terrasse? Abgesehen von der niedlichen Schlange (etwa zwei Meter lang und unterarmdick) sowie dem netten Skorpion beim Rasieren (kurioserweise im Toilettenschrank) hatten wir ein ruhiges Frühstück weitab der Zivilisation in dieser ländlich-idyllischen Umgebung. Machten die Geckos tatsächlich Männchen? Oder haben wir gestern doch etwas zu viel Sonne erwischt? Auf jeden Fall fraßen sie uns aus der Hand!

Als wolle uns das Land ein Kontrastprogramm zeigen, beginnt es zu regnen. Dichte Schleier verhüllen Montalcino. In dem Dunst sieht alles gleich aus: bewaldete Hänge, Bergdörfer. Aussicht gleich Null. »Ist das der Berg da?« Gute Frage.

Pitigliano liegt auf einem Tuffsteinplateau.

Nebel und Regen verwehren uns den Zugang. Der Blick auf den höchsten Punkt der Toskana, Monte Amiata, ist mehr Ahnung als Gewissheit. Erst später, beim Betrachten der Fotos, erkennen wir, dass die langen Belichtungszeiten die Wolken durchsichtig gemacht und den Vulkanberg freigelegt haben. Wir können fast gar nicht glauben, dass es sowas in der Toskana gibt.

»Cacciucco«

Wellen glucksen zwischen Bordwand und Kaimauer. Ein verwirrendes Meer von Netzen liegt zum Trocknen aus. Vereinzelte Fischer mittendrin, mit derber Kleidung: Netzeflicken in beschaulicher Mittelmeer-Abendstimmung. Das Geknatter von Vesparollern schallt über das Wasser. Auf dem großen Platz am Hafen flanierende Menschen. Geschäftiges Leben vor der Häuserzeile mit den Cafés. Stimmengewirr und Motorengeräusch breiten sich über den ganzen Platz. – Beschaulichkeit? Die Geräuschkulisse schwillt an. Hier sieht man überwiegend junge Leute: Palavernd treffen sie sich in den Abendstunden zum Sehen und Gesehenwerden. Lachen, Rufe – verwundert spitze ich die Ohren: Showtime – so plötzlich, als sei dafür ein Startsignal gegeben worden. Über allem das gelbliche Licht der Laternen, flankiert von den Leuchtreklamen der Geschäfte und Cafés. Es wird geflirtet, was das Zeug

Blick auf den Monte Amiato. *Rechts*: In San Stefano.

hält. Machos plustern sich, Signorinas klimpern. Aber alles ist echt. Die tun nicht nur so. Und sie reden wahnsinnig schnell. Ich kann nur noch der Sprachmelodie folgen, nehme schon lange keine Worte mehr auf. Kaum zu glauben, wie ausgestorben diese Flaniermeile tagsüber ist. Abends wird die Hafenmole zum Laufsteg. Und die Fischer knüpfen weiter.

In den Gassen hinter den ersten Häusern finde ich ein kleines Restaurant. »Cacciucco« ist die einsilbig gebrummte Antwort der Bedienung, als ich nach einer Spezialität frage, Fischeintopf: besonders gut mit besonders vielen verschiedenen Fischsorten, so etwas wie die Bouillabaisse Italiens.

Diesen Eintopf gibt es an der ganzen Toskana-Küste – aber überall wird er etwas anders zubereitet: getreu der Devise, alles zu verwerten, was die Natur bietet. Regional unterschiedlich, je nach Fang und Ernte, sind die Zutaten. Mein Interesse beeindruckt, und ich bekomme noch eine Zugabe: »Bottarga di muggine« (Rogen der Meeräsche), mit dem typischen Weißbrot und Butter. Der Geschmack ist kaum zu beschreiben. Nur soviel: Herbe Lust.

Fisch muß schwimmen, sage ich mir bei einem trockenen Weißen. Und als ich mich wieder in Richtung Hafen wende, ist meine Stimmung ebenso ausgelassen wie die der jungen Leute auf dem Platz. Im Licht der Laternen und Neons mische ich mich unter sie, flaniere im Stimmengewirr und verstehe nach wie vor nichts davon – aber diesmal liegt der Grund wohl mehr bei mir.

Am Ende dieses Abends sitze ich vor den stillen Booten und träume von einer Fahrt hinaus in die Nacht, mit schaukelnden Lichtern am Horizont und dem monotonen Klopfen des Motors, dem leichten Rauschen von Wasser und Wind …

Fahrt mit der Fähre nach Portoferraio an der Nordküste von Elba.

SIE KÖNNEN RUHIG DEUTSCH REDEN

Elba · Barrati · Maremma. Das ist schon komisch, wenn man diese Namen wörtlich nimmt. Yachten, Fischerboote, Cafés, buntes Stimmengewirr – Hafenatmosphäre eben. Und die Überfahrt vom Festland bereitet auch nicht auf »Eisen« vor (»Portoferraio« = Eisenhafen). Tatsächlich haben Etrusker und Römer auf Elba Eisen abgebaut und verschifft, die Waffen des Trojanischen Krieges sollen hier auf der »Insel des Feuers« geschmiedet worden sein. Heute werden hier hauptsächlich Touristen angelandet. Es fällt schwer, dem Rummel zu entwischen. Immerhin ist die Insel mit ihren 223 Quadratkilometern die größte des Toskanischen Archipels und hat reichlich Plätze, an denen es ruhig, beschaulich und auch wildromantisch zugeht – aber man muss einen fahrbaren Untersatz dabei haben.

Sieht man einmal davon ab, dass ein Fotograf sich in ein Kakteenfeld wagt für den ultimativen Bildausschnitt und beim In-die-Knie-gehen mit seinem ausgestrecktem Hinterteil schmerzliche Erfahrung mit der Wehrhaftigkeit von Mutter Natur macht, dann wird die Ruhe nur vom gleichmäßigen Meeresrauschen bestimmt.

Als die Tyrrhenische Venus den Meereswogen entstieg, zerbrach ihre prächtige Krone. Das Diadem und ihre funkelnden Diamanten fielen ins Meer und verwandelten sich zu Land. So wurden, der Legende nach, die Inseln des Toskanischen Archipels geboren: Capraia, Gorgona, Pianosa, Giglio, Gianutri, Montecristo und eben Elba. Man muss sich einlassen auf die Idyllen rund um die Insel: einsame Sandstrände, rauhe Klippen, kleine Dörfer in malerischen Buchten. Aber auch die Seilbahn auf den Monte Capanne: rundherum nur Mittelmeer, da kommt man ins Träumen.

> Die Toskana ist die Quintessentia der Welt.
>
> Papst Bonifatius VIII.

Der Ritter von Populonia

Die Festung bewacht die Bucht! Und der fantastische Ausblick über den Golf von Baratti offenbart die strategische Bedeutung. Wer immer sie angelegt hatte, er wollte damit nicht den schönen Sandstrand bewachen. Vielleicht diente es ja als Trutzburg gegen einfallende Sarazenen? Oder sind es Überreste des etruskischen Reiches, die eine ihrer Nekropolen hier anlegten (Populonia)? Ich liege am Strand unter den Pinien, und male mir Bilder aus: auf dem Wasser die Schiffe der etruskischen Seeleute mit ihren Eisenerzen aus Elba, geschäftiges Treiben beim Abladen. Knarrende Winschen, Rufe der Arbeiter, Flüche, Gelächter. An Land Anlagen für die Verhüttung der Erze und eine Wohnstadt. Wie mag das in diesem »Ruhrgebiet der Antike« wohl einst ausgesehen haben? Vielleicht so ähnlich wie in den römischen Siedlungen?

Nichts aus dem alltäglichen Leben dieses Volkes ist überliefert. Lediglich ihre »Totenstädte« geben Auskunft über ihre Kunstfertigkeit. Die Toga, die gemeinhin mit den Römern in Verbindung gebracht wird, ist eine Erfindung der »Tusci«. Ja selbst das Symbol der römischen Hauptstadt, die Wölfin mit den saugenden Jungen, ist noch vor der römischen Kultur entstanden. Die Festungsbauten sind zwar wesentlich jünger als die Kultur der Ur-

Toskanern, aber in meiner Vorstellung von edler und aristokratischer Haltung dieser Menschen der Antike verdichten sich Eisen, Stolz, Wehrhaftigkeit und Kultur zu einem letzten Bild: Am Strand reitet der Ritter von Populonia.

Traumziel Toskana

Via Aurelia, Abzweigung Alberese. Langsam fahre ich über die mehr schlecht als recht befestigte Straße. Spärlich beleuchten vereinzelte Glühbirnen an den hohen Telefonmasten die Szenerie. »Immerhin muss hier irgendwo ein Telefon sein!« murmle ich in mich hinein. Noch von der Autobahn aus war mir diese Ebene kurz vor der Küste ganz verheißungsvoll vorgekommen. »Vielleicht gibt es ja sogar einen Sandstrand im Abendlicht«, hatte ich gehofft. Und nun wusste ich vor lauter wucherndem Gestrüpp nicht, wo ich war.

Ein Schild: »Parco naturale della Maremma«. Was soll ich jetzt mit einem Naturpark? Ein saftiges Steak und ein Wein, am besten neben meinem Bett, wären mir lieber. Und jemand zum Reden. Ein bisschen quatschen, wie in der Kneipe. Das ist wohl alles etwas viel verlangt, mitten in der Wildnis. – Ah, endlich ein anderes Licht: Hier scheint ein Bauernhof zu sein. Niemand ist zu sehen. Ich ziehe an der Glocke. Keiner meldet sich. Da werde ich wohl auf das Tageslicht warten müssen, um hier wieder herauszufinden. Aber dann sehe ich da hinten noch ein anderes Haus: »Scusi, Signora«, radebreche ich gleich darauf los. Ob sie einen Gasthof kennt, wo ich hier bin, wie ich weiterkomme und …

Etruskische Gräber in Populonia.

Die ganze Zeit über hat sie dieses Lächeln in ihren Augen. Verwirrt und wohl auch, weil mir nichts mehr einfällt, halte ich die Klappe. Sie dreht sich um, verschwindet. Habe ich etwas falsch gemacht? Ein anderes Gesicht taucht auf. Also fange ich noch einmal von vorne an, bis ich gleich darauf freundlich unterbrochen werde und höre: »Sie können ruhig deutsch reden.«

Zuerst kann ich es gar nicht glauben. Wie eine Fata Morgana muss ich sie angestarrt haben, denn sie lacht laut auf: »Kommen sie rein, es ist sowieso nichts los.« Ich lasse mich nicht lange bitten und sitze kurz darauf vor meinem Traum: Steak, Wein, Gespräche. Die Besitzerin hat Deutschland ungern verlassen, aber die Liebe war stärker. Und jetzt betreibt sie mit ihrem Mann diese Osteria: Marianne und Giorgio. Begeistert erzählt sie von der Maremma, den wilden Pferden, Rindern und dem jährlichen Fest, wenn die Tiere zusammengetrieben werden. Außerdem gäbe es hier Störche und Flamingos, sogar Kormorane!

Vorerst träume ich nur davon, durch die dichte Macchia zu stapfen. Bis ich irgendwann aufwache und mich darüber wundere, in einem weichen Bett zu liegen.

Aber mal ehrlich: Sollten Sie nachts aufwachen und etwas durcheinander sein, dann machen Sie doch auch einfach die Augen wieder zu. Oder?

Inselleben: auf Elba.

9

Denn alle Lust will Ewigkeit.

Die Toskana ist das Kulturland Italiens, sagte einmal der toskanische Archäologe und Kunsthistoriker Ranuccio Bianchi-Bandinelli ... Was an der Geschichte der Toskana in ihren »goldenen Jahrhunderten« so verblüfft, ist der Kontrast zwischen ihrer Kleinheit – verglichen etwa mit den Territorien Frankreichs und Spaniens – und ihrer Bedeutung als Träger einer Kultur, die den Rang einer nationalen italienischen und in manchem sogar einer europäischen einnahm.

Franca Magnani

»Rundherum nur Mittelmeer«.

KONZEPTION (VERANTWORTLICH), LEKTORAT, BILDREDAKTION, BILDLEGENDEN UND GESTALTUNG: Robert Fischer

KARTOGRAFIE: Elsner & Schichor, Karlsruhe

ALLE FOTOGRAFIEN von Jürgen Wassmuth, außer: S. 2/3 (11), 6/7, 9, 10/11, 14/15, 18/19 (1), 20/21, 24 (links), 27 (oben), 34/35, 72/73, 88/89, 103 (Andreas Ehrhard).

HINWEIS: Kein Bildmotiv wurde digital manipuliert.

LITERATUR- UND QUELLENVERZEICHNIS: Baedeker, »Toskana«, Ostfildern 2000; Reinhard Eisele, »Toskana« (Bruckmanns Länderporträts), München 2000; Susanne Friedmann, »Ein Kuß für David. Florentiner Flirts«, Wien 1998; Harald Mante/Franca Magnani/Monika von Zitzewitz, »Toskana/Umbrien«, München und Luzern 1982; Merian, »Forenz«, Heft 4 1969; Merian, »Toskana«, Heft 9, 1980; Ernst Wrba/Paul Otto Schulz, »Florenz« (Bruckmanns Städteporträts), München 1996.

ALLE ANGABEN DIESES WERKES wurden vom Autor sorgfältig recherchiert und auf den aktuellen Stand gebracht sowie vom Verlag auf Stimmigkeit geprüft. Für die Richtigkeit der Angaben kann jedoch keine Haftung übernommen werden. Für Hinweise und Anregungen sind wir jederzeit dankbar. Bitte richten Sie diese an den Bruckmann Verlag, Lektorat, Innsbrucker Ring 15, 81612 München.

GEDRUCKT AUF CHLORFREI GEBLEICHTEM PAPIER

DIE DEUTSCHE BIBLIOTHEK – CIP-EINHEITSAUFNAHME – Ein Titelsatz für diese Publikation ist bei Der Deutschen Bibliothek erhältlich.

GESAMTVERZEICHNIS GRATIS:
Bruckmann Verlag GmbH
Innsbrucker Ring 15
81612 München
www.bruckmann.de

Printed in Hungary by Realsystem
ISBN 3-7654-3669-0